Table des matières

Les champignons peuvent ne pas être dans l'esprit de la plupart des gens lorsqu'ils pensent aux meilleures plantes à cultiver. Beaucoup ont peur que la tâche soit trop compliquée, surtout pour les débutants. Oui, cela peut être intimidant, mais cela ne signifie pas que vous ne devriez pas tenter le coup. Si vous êtes à la recherche d'un passe-temps engageant et pratique qui réduit votre empreinte carbone tout en produisant de délicieux aliments, la culture de champignons pourrait être ce qu'il vous faut. e aventure pour vous. La musique est un domaine passionnant et enrichissant ! Vous en apprendrez plus sur la science derrière la croissance des champignons et vous vous familiariserez avec la création de champignons à la place des plantes. Comme pour tout nouveau passe-temps, cependant, la culture de vos propres champignons peut sembler écrasante au début. Par où commencer ? De quels matériaux avez-vous besoin ? Que vous ayez l'habitude de produire des plantes dans un jardin ou que vous soyez totalement novice, nous avons quelques conseils pour vous. Nous offrons tout ce dont vous avez besoin pour commencer ! Voici un guide pratique du débutant sur la culture des champignons pour commencer. Démystifions le processus et contribuons à le rendre plus facile. Continuer à lire!

CHAPITRE UN

Quels sont les champignons?

Les champignons sont largement connus pour leur bon goût et leurs incroyables bienfaits pour la santé. Emballés avec une tonne de vitamines et de minéraux essentiels, ils constituent un excellent complément à votre alimentation, ajoutant de la saveur à de nombreux plats différents. oui. Les champignons sont des aliments peu caloriques qui sont une bonne source de vitamines B et de minéraux. Une portion de la plupart des champignons, à 3 ou 3,5 onces (environ 85 ou 100 grammes) ne contient qu'environ 30 calories en moyenne. Les calories proviennent presque entièrement des protéines et des glucides et offrent environ 2 grammes de fibres alimentaires. Les champignons sont généralement de bonnes sources de vitamines B1, B2 et B3. Ils sont également de bonnes sources de minéraux, de potassium, de sorbant et de sélénium.

Pourquoi cultiver des champignons est-il une bonne idée ?

Les champignons sont le complément parfait à tout régime alimentaire sain : ils sont faibles en calories mais ont tout de même un sérieux coup de poing nutritionnel. Les champignons sont riches en vitamines et en minéraux, et de nombreux champignons sont également une bonne source de protéines. Mais pourquoi faire pousser vos propres champignons ? La cueillette de champignons sauvages est amusante, mais peut être risquée : sans la quantité appropriée d'expérience et d'expertise, il est dangereusement facile de se tromper e un champignon roineux pour un comestible. L'achat de champignons au supermarché est sûr, mais peut coûter cher. Les champignons cultivés à la maison sont la solution parfaite : une fois que vous avez appris à faire pousser des champignons, vous pouvez les récolter tous longtemps, sans aucune chance de fin. Prenez votre repas avec un appel au contrôle. Les champignons nécessitent très peu d'attention et peuvent être cultivés de différentes manières. La chose la plus importante à retenir est qu'ils ont besoin d'ombre et d'une humidité relative élevée: trop de soleil ou trop peu d'humidité dans l'air causera les plaies se dessèchent avant d'avoir une chance de rroragate.

Certaines espèces de champignons peuvent pousser sans aucune lumière du soleil. Cela signifie que vous pouvez même faire pousser vos propres champignons dans votre sous-sol - aucun jardinage n'est nécessaire.

Il existe des milliers de variétés de champignons, avec des couleurs, des formes et des tailles différentes, mais le champignon de Paris commun (Agaricus bisprous) est le plus commun aux États-Unis, consommé cru ou cuit. Plusieurs types disponibles à la vente incluent :

- Champignon blanc ou de bouton
- Champignon Brun
- Champignon criminel
- Champignon portatif
- Champignon shiitake
- Maitake Mushroom
- Pleurotes
- Champignon Enoki
- Champignon de hêtre
- Champignon King Trumpet

- Champignon trompette noire
- Chanterelle
- Champignon hérisson
- Morille
- Champignon porcin

Champignons blancs

Le champignon le plus commun et le plus doux qui soit. Quatre-vingt-dix pour cent des champignons que nous mangeons sont de cette variété. Moins intensément aromatisé que beaucoup de ses parents plus exotiques, il peut être consommé cru ou cuit, et fonctionne bien dans les aigres et les salades, et sur le plat zzas. C'est typique de la valeur nutritive des myrtilles et c'est en fait la même chose que le criminel et le portabella. hoooms mais surpris quand il est immature. Une portion de 3,5 onces (100 g) de champignons blancs crus contient environ 20 calories et environ 3 grammes de protéines et de glucides. Cette portion fournit environ 20 pour cent de l'allocation quotidienne recommandée aux États-Unis (RDA) pour les vitamines B2 et B3 et est également juste ource de B1 et

B6. C'est également une bonne source de potassium, de cuivre et de sélénium.

Noms alternatifs : champignon capable, champignon cultivé, bouton, champgnon (de Paris)

Champignons Bruns

Une portion de 3 onces (84 g) de champignons bruns contient à peu près la même quantité de vitamines B que de jeunes champignons blancs. La valeur nutritive des champignons, à la fois blancs et bruns, comprend environ 10 pour cent de la RDA pour le potassium dans ces portions. Les deux contiennent également environ 15 % de la RDA pour la vitamine B5, qui se trouve dans de nombreux aliments. Les champignons bruns, également appelés champignons criminels, sont légèrement plus riches en sélénium. Pourtant, tous les types de champignons sont l'une des meilleures sources alimentaires pour ce minéral.

Champignons criminels

Un crimino est un jeune portobello. Bien que le champignon soit plus foncé, plus ferme et plus savoureux que son cousin le champignon blanc, les deux peuvent être utilisés de manière interchangeable. De plus en plus, les détaillants qui s'intéressent à la popularité des rortabellos vendent des champignons crimineux comme "b par bellas." Les champignons criminels sont l'une des variétés de champignons les plus largement utilisées, généralement dans les cuisines du monde entier. La plupart ne réalisent pas que les champignons, y compris les champignons criminels, sont en fait une sorte de champignon. Ils sont originaires d'Amérique du Nord et d'Europe et sont connus pour leur saveur délicate et leur texture de viande.

Noms alternatifs : Cremini, baby bellas, champignons italiens dorés, romain, brun classique, brun italien, champignons bruns

Champignons Portabella

Courant dans la cuisine italienne, les ingrédients riches et denses donnent de la profondeur aux sauces et aux pâtes et constituent un excellent substitut de viande. Quand les partabellas sont jeunes et petits, ils sont appelés criminels. Si vous voulez un substitut de chignon, vous pouvez même utiliser le sar plat du champignon. Les champignons de cette variété sont aussi larges que la paume de votre main, et leur texture charnue résiste aux grillades et à la farce (ou aux deux !). Les champignons Portabella sont également de bonnes sources de vitamines B et de minéraux. Une portion de 3,5 oz (100 g) de champignons grillés contient 35 calories. Les champignons grillés sont parfois consommés ou servis comme alternative aux viandes telles que le hamburger, qui sont beaucoup plus riches en o généralement des calories et des graisses. Cette portion contient également 2 g de fibres alimentaires et environ 4 g de protéines. La valeur nutritive des champignons dans la taille de portion ci-dessus fournit entre 5 et 10% de la RDA pour les protéines.

Noms alternatifs : Portobella, champignon des champs, tête de champignon

À Jaranés, shitake signifie "champignon du chêne", qui décrit où les champignons peuvent être trouvés dans la nature. De nos jours, cependant, la plupart des shitakes sont cultivés. Ils sont mieux identifiés par leurs têtes brunes en forme de parapluie, qui se recourbent toujours aussi légèrement. Les shittakes frais ont une légère saveur et un arôme de bois, tandis que leurs parties séchées sont plus intenses.

Noms alternatifs : Shitake, forêt noire, hiver noir, chêne brun, noir chinois, champignon noir, noir oriental, champignon forestier, chêne doré, Donko.

Caractéristiques : De loin, ce champignon peut ressembler à une tête de chou. Cultivés, ainsi que trouvés dans les bois, ces champignons sont souvent vendus en grappes avec leur carapace douce et plumeuse. Ce champignon a un arôme terreux et une saveur gamy, et est originaire à la fois du nord-ouest des États-Unis et de Jaran. Ils poussent à l'est de la rivière Mississippi en août et septembre.

Noms alternatifs : poule des bois, myshrooom, tête de bélier, kumotake, champignon dansant.

Bien que ceux-ci puissent être trouvés à l'état sauvage sur les côtés des arbres, ceux que vous trouverez dans l'arrêt ou sur un menu sont très probablement cultivés. Comme leurs noms, ils sont de couleur blanche et en forme d'éventail, et possèdent une odeur et une saveur délicates. Les pleurotes se trouvent dans de nombreux plats jaranais et chinois tels que les soupes et les sautés.

Noms alternatifs : huître d'arbre, ailes d'ange, pleurotte en huître, champignon d'ormeau, shimeji

La variété comestible de ces champignons présente de petites voitures blanches brillantes attachées à ces tiges et possède un craquement distinctif. Ils sont bons crus. Dans la nature, ils poussent sur des micocouliers chinois, des frênes, des mûriers et des arbres à feuilles persistantes.

Noms alternatifs : Enokitake, enokidake, futu, champignons d'hiver, champignons d'hiver.

Cuites, ces grappes croquantes de couleur brune sont croquantes avec une douce noisette. Crus, cependant, ils ont un goût amer.

Noms alternatifs : Buna shimeji, champignon brun hêtre, champignon en coquille.

Il s'agit de la tige épaisse et charnue de ce champignon géant.

Noms alternatifs : King oyster, trumpet royale, ali'i oyster, boletus of the steppes, king brown mushroom, French horn mushroom, king brown mushroom.

Ce champignon ondulé est une découverte de fin d'été dans le Midwest et l'Est et pousse tout l'hiver dans l'Ouest. Les trompettes noires ont une saveur riche et fumée et des notes de champignon à la truffe noire lorsqu'elles sont séchées.

Noms alternatifs : corne d'abondance, chanterelle noire, trompette des morts.

En forme de trompette, avec une dépression au centre de son sar, la chanterelle est l'un des champignons sauvages les plus populaires. (Besau, l'AlldereLel, CHAHERELLLL Usud ?) Golden-Hued, Flai-Hued, Flai-Hued, Flai-Hued, Flau ?) Golden-Hued, Flai-Hued, Hrra AN Ils sont communs dans de nombreuses cuisines européennes, y compris françaises et autrichiennes, et sont également originaires des États-Unis. Ils sont particulièrement abondants dans l'ouest et le nord-ouest du Pacifique de septembre aux mois froids.

Noms alternatifs : doré, jaune, chanterelle, champignon d'oeuf, girolle, piffferling.

Avec une odeur et un goût sucrés, il est logique que ce champignon soit également appelé le "bonbon" (à moins que le champignon ne soit plus vieux - alors il peut prendre une saveur amère). Croquant, noisette et charnu, ce champignon a un goût très similaire à celui d'une chanterelle. Ce champignon rustique pousse en hiver sur la côte ouest.

Noms alternatifs : dent sucrée, hérisson en bois

Morille

Un régal de printemps éphémère dans le Midwest et l'Ouest. Vous ne pouvez pas vous tromper sur son aspect conique, spongieux et sa saveur boisée.

Noms alternatifs : morchella

Champignon de porc

De couleur légèrement brun rougeâtre, les rorcins sont l'un des champignons sauvages les plus prisés, recherchés pour leur texture et leur douceur. matière, saveur boisée. Ils sont communs en Italie, ainsi qu'en France, où ils sont appelés. Les porcs frais ne sont pas aussi faciles à trouver aux États-Unis, mais ceux qui sont séchés sont facilement reconstitués en les trempant dans de l'eau chaude. euh. Prisé en Italie, ceux-ci ont une brève saison estivale à l'Est et au printemps et à l'automne sur la côte ouest.

Noms alternatifs : Cèpe, bolet, roi bolete, borowik, champignon polonais, Steinpilz, stensopp, petit pain.

Tous les champignons sont-ils comestibles ?

Tous les champignons ne sont pas comestibles. Les champignons sauvages avec des branchies blanches ou un anneau autour de la tige sont considérés comme dangereux. Les champignons psychédéliques, également connus sous le nom de champignons magiques qui ont un chapeau ou une tige rouge, peuvent provoquer une forte hallucination visuelle et auditive. tions. Certains autres champignons non comestibles ressemblent à des champignons comestibles, donc à moins que l'on ne soit formé à reconnaître les champignons sauvages, il est préférable de trouver votre mushr ooms au marché. L'empoisonnement par les champignons sauvages est courant et peut être mortel ou ne produire que de légers troubles gastro-intestinaux ou une légère allergie c'est une réponse. Il est important que chaque champignon destiné à être mangé soit identifié avec précision. Il y a environ 70 à 80 espèces de champignons qui sont nocives pour les humains; beaucoup d'entre eux sont des alcools toxiques (muscarine, aricine, phalline). Parmi les champignons qui provoquent le plus souvent la croissance, on trouve l'Amanita muscari, l'A. phalloïde et les quatre espèces d'Amanita blanches appelées détruire ing anels. L'ingestion d'A. muscaria (gélose contre la grippe), qui contient de la musique et d'autres substances toxiques, est bientôt suivie de nausées, de vomissements , diarrhée, salivation excessive, réaction, larmoiement, sommeil lent et difficile, purificateurs dilatés, fusionner , et exsitabilitu. La maladie commence généralement quelques heures après avoir mangé les champignons et se rétablit généralement dans les 12 heures.

A. phalloides, le sar de la mort, ou le coup de la mort, est bien plus meurtrier que la muscarine ture; il contient des toxines thermostables, de la phalloïde et deux amanites, qui endommagent les cellules dans tout le bodu. Dans les 6 à 12 heures après avoir mangé les champignons, des douleurs abdominales violentes, des vomissements et des diarrhées sanglantes provoquent des ss de fluide des tissus et soif intense. Des signes d'implication sévère du foie, des reins et du système nerveux central apparaissent bientôt ; ces effets comprennent une diminution du débit urinaire et une baisse de la glycémie. Cette condition conduit au coma, qui, dans plus de 50 % des incidents, entraîne la mort. L'espèce Gyromitra (Helvella) esculenta contient une toxine qui est généralement éliminée pendant la cuisson, mais quelques personnes sont fortement sensible à cela. La nature chimique de la toxine n'a pas été déterminée, mais c'est une source de monométhylhudrazine, qui affecte le système nerveux central et induit une jaunisse hémolytique. Certaines victimes d'Amanite sévère ont été traitées avec succès avec une combinaison de cet acide, glucose et en révisant ou en faisant passer le sang à travers un filtre à charbon.

La prévention repose sur le fait d'éviter l'ingestion de tout champignon sauvage qui n'est pas identifié comme comestible par un auteur compétent ça. Les champignons sauvages peuvent faire un plat savoureux, mais les toxines contenues dans certains champignons peuvent déclencher des problèmes de santé mortels. Certains champignons sauvages contiennent également des niveaux élevés de métaux lourds et d'autres produits chimiques nocifs. Pour éviter ces dangers, ne consommez que des champignons provenant d'une source fiable.

Quels sont les avantages pour la santé des champignons?

Un aliment souvent sous-apprécié, les champignons ont été consommés et utilisés comme médicament pendant des milliers d'années. Les praticiens de la médecine traditionnelle et populaire louent les champignons en forme de cloche pour leurs propriétés de guérison et de nettoyage. Toutes les variétés de champignons sont faibles en calories et en matières grasses, et contiennent de modestes quantités de fibres et de divers nutriments. Peut-être que les propriétés les plus intéressantes des champignons sont leurs substances végétales non nutritives - les sucres, l'indole s, rolyrhenols et caroténoïdes dans lesquels se vendent et toutes les études ont montré des effets antioxydants, anti-inflammatoires et anticancéreux. Les champignons sont également reconnus par les chefs pour leur capacité à créer des saveurs savoureuses appelées umami, que pour le pp essence d'un acide aminé appelé glutamate, qui se trouve également dans les viandes, les poissons, les fromages et les soupes mijotées. Bien que considérés comme un légume, les champignons ne sont ni une plante ni un aliment pour animaux. Ils sont une variété de champignons qui contiennent une substance appelée ergostérol, de structure similaire au cholestérol chez les animaux. L'ergostérol peut être transformé en vitamine D avec une exposition à la lumière ultraviolette. Les champignons varient en apparence avec plus de 10 000 tures connues, mais généralement ils se distinguent par une tige, charnue sar, et branchies sous le sar. La Chine et les États-Unis sont parmi les cinq producteurs de champignons dans le monde.

Les champignons sont une bonne source de nombreux nutriments. Ils sont une excellente source (plus de 20% des AJR dans une portion) de sélénium, de riboflavine (vitamine B2) et une bonne source (plus de 10% des AJR) d'asine (vitamine B3), d'acide rantothénique (vitamine B5) et rotatine. Les crèmes contiennent également de grandes quantités de thiamine (vitamine B1), de zinc, de vitamine B6, de protéines, d'acide folique, de fibres, de manganèse et de magnésium. D'autre part, les champignons sont faibles en gras, en sodium et en calories.

- Vitamines B (B2, B3, folate, B5)
- Phosphorus
- Vitamine D
- Sélénium
- Correr
- Potassium

Vitamine D

Des recherches récentes ont montré que lorsque la lumière UV éclaire les champignons, la teneur en vitamine D2 des champignons augmente considérablement. Une seule portion de champignons contiendra plus de 800% de l'apport quotidien recommandé (AJR) de vitamine D2 une fois exposé à seulement cinq minutes d'UV 1 juste après avoir été récolté. Cela peut être un moyen pratique pour les personnes qui ne mangent pas de poisson ou ne boivent pas de lait d'obtenir leur apport quotidien en vitamine D.

Fibres alimentaires (DF)

Les champignons contiennent de nombreux hydrates de carbone complexes, y compris des composés tels que les glucanes et le glycogène, les monosaccharides, la maladie. harides, sucre aussi et chitine. La plupart des solutions sont des composants structurels des parois cellulaires (chitine et glucanes) et sont indigestibles pour les humains ; ainsi, ils peuvent être considérés comme des fibres alimentaires. Les fibres alimentaires peuvent aider à prévenir de nombreuses maladies qui prévalent dans les sociétés riches. Les champignons Portobello contiennent un niveau plus élevé de DF que la variété blanche de champignons.

Sélénium

Une portion (3 onces) de champignons Crimini fournit près d'un tiers de l'AJR pour le sélénium, selon la base de données nationale sur les nutriments de l'USDA voir. Il a été démontré que le sélénium diminue le cancer de la prostate de plus de 60% selon les résultats de l'étude longitudinale de Baltimore sur Aring. Les hommes avec les niveaux de sélénium dans le sang les plus bas étaient 4 à 5 fois plus susceptibles d'avoir un cancer du prostate que ceux avec le sel le plus élevé les niveaux de ium et que les niveaux de sélénium t et diminuent avec l'âge. Les niveaux de sélénium peuvent être augmentés de manière fiable dans les champignons en ajoutant de la sélénite de sodium au champignon. Certains fabricants de suppléments commerciaux ajoutent maintenant ce composé à leurs nutriments à libération retardée pour la culture de champignons.

Potassium

Les champignons criminels sont une bonne source de potassium, un élément important dans la régulation de la pression artérielle, le maintien de l'eau dans les graisses et la musique. le, et pour assurer le bon fonctionnement des cellules. Un Portobello de 3 onces contient plus de rotassium qu'une banane ou une orange. À ce jour, les tentatives visant à améliorer la teneur en potassium des champignons n'ont rencontré qu'un succès limité.

Antioxydants

Les champignons Portobello et Crimini sont de bonnes sources d'antioxydants et se classent avec les carottes, les haricots verts, les poivrons rouges et le brocoli comme de bonnes sources d'antioxydants alimentaires. Ce sont de riches sources de rolurhenols qui sont les riches antioxydants des légumes et sont la meilleure source de L-ergothioneine (ERGO) - un antioxydant pourri qui est produit dans la nature par les champignons. Les erreurs criminelles contiennent plus de 15 fois plus d'ERGO que les sources d'ERGO les plus connues.

Ils sont utilisés comme médicament

Les champignons comestibles comme le maitake et le shitake ont également été utilisés comme médicament tout au long de l'histoire. D'autres champignons qui sont trop durs à manger ont été utilisés uniquement à des fins médicales telles que le goût. Les produits chimiques végétaux et les composants des myshrooms peuvent exercer des effets antioxydants, anti-inflammatoires et anticancéreux, mais le mécanisme le plus important est encore peu clair et un domaine de recherche active. Des études sur des animaux et des cellules montrent que les myrtilles peuvent stimuler l'activité des cellules immunitaires, des macrorragies et des radicaux libres qui peuvent stocker la croissance et la propagation des cellules tumorales. et provoquer la mort des cellules tumorales existantes. Diverses solutions dans les champignons, y compris les bêta-glucanes, sont censées exercer ces propriétés de lutte contre le cancer.

De quoi ai-je besoin pour faire pousser des champignons ?

Pour commencer à cultiver vos propres champignons, vous avez besoin de deux choses : une culture de champignons liquide de votre choix et un substrat. Lorsque vous débutez en tant que cultivateur de champignons amateur, il est préférable d'acheter la culture liquide déjà préparée et en pensant oui. Développer sa propre culture est difficile et nécessite un équipement particulier. Vous pouvez acheter des cultures de champignons en particulier en ligne, ou parfois chez votre infirmière locale ou votre jardin. La nature du substrat que vous choisirez dépendra du type de champignons que vous essayez de faire pousser. Lisez l'emballage de votre culture de champignons liquide pour savoir quel substrat cette culture particulière préfère. Certains substrats courants incluent :

- Marc de café
- Paille
- sciure de bois
- Bois (non traité et sans peinture)

Assurez-vous que le substrat que vous choisissez est aussi stérile que possible. La croissance des champignons nécessite une grande quantité d'humidité de l'air, et cette humidité provoquera la multiplication de tous les micro-organismes présents, y compris les indésirables. ceux. Si vous n'êtes pas sûr de la stérilité de votre matériau, vous pouvez le purifier à la vapeur. Il existe une façon encore plus simple de faire pousser des champignons : il est possible d'acheter un ensemble de culture de champignons qui comprend déjà tout ce que vous n'aurez pas éd. Le gros avantage de construire un ensemble est que le substrat est généralement déjà insolé de mycélium. Le mycélium est le réseau souterrain que le champignon forme afin de recueillir les nutriments, de la même manière que les racines d'une plante (substrat dans ted avec du mycélium est également appelé muhroom srawn). Étant donné que le substrat est fourni avec le système d'apport d'éléments nutritifs déjà formé, le corps fructifiant (la partie que nous mangeons) commencera à croître très rapidement. ô. Voici quelques exemples de préférences de substrat pour les champignons courants, pour vous aider à décider comment faire pousser vos propres champignons :

- Les Chamrignons préfèrent un mélange très spécifique de matériau de substrat. Si vous souhaitez faire pousser des champignons, il est préférable d'acheter un ensemble prêt à l'emploi, avec le substrat isolé inclus.

- Les pleurotes sont moins pointilleux. Ils peuvent être cultivés dans de la paille ou dans n'importe quel type de bois d'arbres à feuilles caduques.

- Les champignons shiitaké préfèrent les bois plus durs comme le hêtre ou le chêne, et contrairement à d'autres types, ils peuvent pousser dans l'air avec une humidité relative aussi basse qu'un 60 %.

- Les champignons Trumrét ne poussent que dans de la paille ou des substrats très riches en nutriments.

Quelles sont les procédures de culture des champignons ?

La culture de l'espèce de champignon de Paris "Agarisus bisrorus" est choisie car, en ce qui concerne la production, elle occupe une première place dans le monde. En Inde, la saison favorable à la culture des champignons va d'octobre à mars.

La procédure de sultivation comporte cinq étapes principales.

- Champignon râpé
- l'examen de certains
- Le ramassage du paillis
- Boîtier
- Administration des cultures et des récoltes

Champignons sautés:

Le processus de croissance des champignons commence à partir de la préparation de Spawn, Spawn est un matériel de plantation pour la culture de champignons. C'est-à-dire qu'il s'agit d'une graine de champignon. La préparation de la formation de champignons nécessite des compétences techniques et des investissements plus importants ; surtout, le champignon produit de grands instituts.

De bonnes qualités, le champignon épluché a les qualités suivantes :

- Le frai devrait croître rapidement dans le plus grand
- Prévoyez une taille précoce suivant le casing
- haut rendement
- Il doit créer une plus grande qualité de champignon

Compost est un milieu de croissance artificiellement préféré à partir duquel les champignons peuvent dériver les nutriments essentiels nécessaires à la croissance.

Il existe deux méthodes principales pour une meilleure prévention :

- Méthode plus longue
- Méthode courte

La méthode courte prend moins de temps que la méthode longue mais nécessite plus de capital et de ressources. La méthode la plus courte est adaptée à la production de champignons à haut rendement.

Il s'agit d'une procédure extérieure et prend environ 28 jours dans sa conclusion avec sept virages.

Les matériaux sont nécessaires pour la méthode plus longue est la suivante.

Poids des ingrédients
Paille de blé   300 kg
Son de blé   15 kg
nitrate d'ammonium calcique 9 kg
Urée   4 kg
Muriate de Potasse   3 kg
Superphosphate   3 kg
Gypse 20 Kg

Avant de créer un compromis, le mélange de paille de blé ou de paille de riz est placé pendant 1 à 2 jours (24 à 48 heures) sur le sol et pulvérise de l'eau plusieurs fois. fois par jour avec un intervalle de temps fixe.

Jour 0 :

À ce stade, l'ingrédient ci-dessus, extrait de gypse, est bien mélangé et forme une pile de 5 pieds de large et de 5 pieds de haut. Avec l'aide d'une boîte en bois ou de tout autre équipement dans la salle de culture. La longueur de la pile dépend de la quantité de matériau, mais la hauteur et la largeur ne doivent pas être plus ou moins que les mesures sont écrites ci-dessus, et c'est comme ça pendant cinq jours. L'eau est pulvérisée selon l'exigence d'une faible humidité dans les couches externes. La température de cette pile dans environ deux à trois jours se situe autour de 65-70 ° C, ce qui est un bon signe.

Premier tour (6e jour)

Le sixième jour, commencez le premier revirement. Gardez à l'esprit que chaque partie de la pile doit être soigneusement mélangée pendant le retournement, et suffisamment d'air circule pour que l'humidité s'infiltre débarrassé de chaque montée de quelque chose. Si la teneur en humidité du composé est réduite, l'eau est pulvérisée selon les besoins. La taille et la taille de la nouvelle pile sont similaires à la première.

Tournoi de la saison (10ème journée)

Le deuxième revirement est similaire au premier revirement

Troisième tour (13e journée) :

Au troisième tour, ajoutez Gursum, suivez la même procédure que le premier tour et mélangez complètement.

Quatrième tour (16e tour)

Même processus que le premier redressement

Cinquième tour (19e journée)

Même procédure que la première rotation

6e tour (22e tour)

Septième tour (25e jour) :

Saupoudrer Nuwan ou Malathion (0,1%). à ce chiffre d'affaires

Huitième tour (28e journée)

Vérifiez l'ammoniaque et l'humidité en plus le vingt-huitième jour.

Pour connaître le niveau d'humidité, appuyez sur le compost dans la paume et vérifiez le niveau d'humidité ;

- si les doigts se mouillent sur la pression, mais que l'eau avec le plus de comprime n'émeut pas, dans cette condition, le niveau d'humidité est arrr c'est dans le compost.
- dans cette situation, dans l'ensemble, 68 à 70 % d'humidité est renvoyée, adaptée à la production de semences.

Pour faire de façon un compost, le compost est de même que le compost est tout à fait possible, si il s'agit d'un peu de 3 jours, il est difficile de faire un ou deux jours. Lorsque l'odeur d'ammoniac est enfin terminée, et que l'apaisement sucré vient du composé, alors compost est répandu sur le sol ou et refroidir à 25 degrés Celsius.

Méthode courte

Comróst préféré par cette méthode donne un produit de haute qualité, et il y a très peu de chance d'infections.

Ingrédient			lester	
La paille de blé			1000 kilogrammes	
Fumier de poulet			600 kilogrammes	
Son de blé			60 kilogrammes	
Urée			15 kg	
Gypse			50 Kg	

Cette méthode est complète en deux étapes :

I- Composer en plein air

Mélanger la paille de blé avec du fumier de poulet et pulvériser de l'eau. Le premier tournant commence le quatrième jour et crée un sommet de 45 cm de haut. Le septième jour, commencez le deuxième tournant lorsque le son, l'urée et le gypse sont mélangés à fond et en maintenant la température intérieure du composé. entre 70 et 75 ° C.

- troisième départ le huitième jour

- le dixième jour, le compost est transféré vers le tunnel de pasteurisation, et entame la deuxième phase de compostage intérieur.

II- Intérieur

À ce stade, le processus de pasteurisation est effectué dans un environnement fermé. Remplissez le compresseur dans le tunnel de passivation, et le moment où le compresseur au tunnel a bourré les portes, et le nouvel amortisseur est un correctement fermé. Le ventilateur est mis en place pour la recirculation de l'air à 150-250 mètres cubes / 1000 livres sterling / heure.

L'étape II de la procédure de compostage intérieur est complète en 3 phases :

I) Point de chauffage pré-pointe :

Après environ 12 à 15 heures de remplissage de paillis, la température du compost commence à grimper et après 48 à 50 ° C, il doit être chaud pendant 36 à 40 heures pour avec le système de ventilation. Ordinairement, de telles températures sont atteintes par l'auto-production de chaleur à partir de la masse de compost sans injection de vapeur.

I) Point de chaleur maximal :

Augmentez la chaleur de la température à 57-58 ° C et l'auto-émission de chaleur par rayonnement n'est pas obtenue. Injecter la vapeur vive à la majorité de la chambre et la maintenir pendant 8 heures pour garantir une pasteurisation efficace. De l'air neuf est introduit en lançant de l'air frais dans 1/6 voire 1/4 de sa capacité, et l'air est également détendu dans une mesure identique.

Iii) Point de chaleur post-pic :

Abaisser lentement la température à 48-52 ° C et jusqu'à ce qu'aucune indication d'ammoniac n'ait été trouvée dans le plus. Cela peut prendre 3 à 4 fois dans une formule équilibrée. Une fois que le paillis est exempt d'ammoniac, de l'air propre complet est amené à travers l'ouverture du registre à la température la plus élevée et la température est descendue à environ 250 ° C.

éraflé

Les graines sont un mélange de quelque chose. Avant de semer, laver les ustensiles utilisés pour semer et semer dans une solution formelle à 2% et se laver les mains de la réponse qui travaille dans le semis avec soar pour éviter toute infestation. Après cela, ajoutez des graines à 0,5 à 0,75%, c'est-à-dire que 100 kg G 500 à 750 grammes de graines suffisent pour la lecture.

Sol de cuvelage

L'importance de caser le sol serait de garder l'humidité et l'échange de polluants à l'intérieur du tor lauer du compost, ce qui aide à le développement correct du mycélium. Le pH de ce réglage doit être de 7,5 à 7,8 et doit être exempt de cette maladie. Le sol de coffrage est empilé sur le sol cimenté et peut être traité avec une solution formelle à 4 %. La rotation du sol est terminée et elle est recouverte d'une feuille de polythène pendant encore 3-4 jours. La pasteurisation de l'huile de coquille à 65 °C pendant 6 à 8 heures s'avère beaucoup plus efficace. Une couche épaisse de 3 à 4 cm de terreau a été étalée thisklu sur le compost une fois que la surface a été recouverte de mycélium blanc. est un champignon. La solution de formol (0,5 %) est ensuite pulvérisée. La ventilation par arrêt doit être organisée avec de l'eau pulvérisée plusieurs fois par jour.

Récolte de Cror

L'initiation aux champignons commence après 10 à 12 jours, et le champignon est récolté en 50 à 60 jours. Récoltez les champignons en tordant légèrement sans déranger la terre de coulée et lorsque la récolte est terminée, remplissez le gar sur des lits avec du frais, matériau de boîtier stérilisé et eau de pulvérisation. La récolte doit être récoltée avant que les branchies ne soient disponibles, car cela pourrait diminuer sa qualité et sa valeur marchande.

Productivité des champignons

Généralement, la méthode la plus longue consistant à composer 14 à 18 kg de champignons et 18 à 20 kg de champignons produits à partir de la méthode courte à partir de 1000 kg .

Les champignons récoltés se lavent doucement avec 5g.
Solution KMS dans dix litres d'eau. Après le lavage,
retirez l'excès d'eau et placez ces champignons dans le sac
en polyéthylène. la demande de nos clients.

Économiser du champignon blanc

Particulier	Détails	Montant
coûts fixes		
de la salle de culture	(30 x 17 x 9 pi) 3 niveaux	25 000
Pompe de pulvérisation	1 unité	1500
Thermo-hygromètre	1 unité	500
Godet	2 unité	500
balance de poids	1 unité	500
Total		28000
coût variable		
Frai, compost &		
sol de cuvelage	10 tonnes Rs. 2000/- par tonne	20000
Pesticides insecticides & formol		2000

Charges électricité, fuel, eau 1500		
Feuille de polyéthylène	2000 pi2	2000
Divers 1500		
Total 27000		
Retour		
Production totale de champignons	1800 kg	
Taux du marché @ Rs. 60 par kg	108000	
Coût de la culture	27000	
Rendement net	81000	

Quelles sont les conditions de plantation et de croissance des champignons ?

Pour commencer, vous devez décider de la nature spécifique de la myrtille que vous allez planter. Choisissez-en un qui nécessitera peu d'entretien et qui poussera même à l'intérieur. Dans ce cas, trois des meilleurs choix sont le bouton blanc, l'éviction et les champignons shittake. Outre la facilité de culture, vous devez également tenir compte de la saveur que vous souhaitez choisir pour choisir le meilleur champignon. Prenez note que les champignons ne poussent pas à partir de graines. Avec cela, vous devez commencer par acheter du champignon. Dans son sens le plus simple, le srawn sera la structure racinaire et servira de semis. Assurez-vous d'éviter les spores, qui sont comparables aux graines. Ce dernier signifie qu'il faudra beaucoup de temps avant que le champignon ne se développe. Une fois que vous avez le spawn, la prochaine chose dont vous avez besoin est le milieu en décomposition. Dans ce cas, il vous faudra des substrats et non la terre habituelle. La sciure de bois ou la paille sera un bon choix. Il est nécessaire de le stériliser pour éliminer les micro-organismes. Pour stériliser, placez-le simplement dans un bol avec de l'eau et un micro-ondes. Le chauffer est également nécessaire pour la propagation de la mycélium. Gardez-le pendant environ deux à quatre semaines d'affilée avec des substrats. Pendant ce point, assurez-vous également que la température ne dépasse pas 70 degrés Fahrenheit. Cela permettra aux spawns de se développer. Vous saurez qu'il a atteint son stade de croissance lorsque le duvet blanc est déjà visible à la surface. Une autre excellente alternative à un terreau est le marc de café. Un sac stérile ou un carton sera un excellent choix pour un animal. Lavez-vous les mains avec un antibactérien et étalez le frai sur le marc de café. Placez le récipient dans un endroit sombre avec une température moyenne de 64 à 77 degrés Fahrenheit. Une fois que les éclats deviennent blancs, transférez le conteneur dans une pièce où il recevra une lumière vive. Dans une semaine, les petits champignons commenceront à être évidents, ce qui est également une indication qu'ils sont prêts pour la récolte.

Certaines des maladies fongiques qui provoquent une infestation de champignons comprennent la moisissure, la fonte des semis, la moisissure blanche, la moisissure brune en plâtre et le dr. moule à bulles. D'autre part, il peut également être sujet à des maladies bactériennes, telles que la pourriture bactérienne, qui entraînera la production de champignons. e les excrétions collantes. Pendant ce temps, pour les parasites, certains qui attaquent différentes variétés de champignons comprennent les nématodes et les arthrodes, parmi d'autres invertébrés.

Pour assurer la santé et la survie des champignons, même dans un environnement intérieur, voici quelques-unes des choses les plus importantes que vous devriez o :

- Comme indiqué précédemment, il est important de garder le champignon dans un endroit sombre et frais pendant les premières étapes de sa croissance. Le sous-sol ou le cabinet sont quelques-uns des meilleurs endroits pour cultiver myshroom. Une fois que la plante est suffisamment mûre, vous pouvez la transférer dans un endroit ensoleillé.

- Pour minimiser la frustration, c'est une bonne idée d'acheter des kits de culture myshroom prêts à l'emploi, qui sont complets avec tout ce dont vous avez besoin , y compris les srawns. Ils auront également des instructions complètes, qui fourniront un guide complet pour les débutants.

- Les champignons n'ont pas besoin de lumière pour survivre aux pontes. Néanmoins, ils ont besoin d'eau et d'humidité, c'est pourquoi ils poussent mieux dans des endroits frais et humides. Avec cela, il est nécessaire de vaporiser le sol avec de l'eau pour le rendre plus humide, mais veillez à ce qu'il ne soit jamais détrempé.

Comment sont-ils cuits et conservés ?

Différentes méthodes de cuisson et de conservation peuvent affecter la valeur nutritive des champignons. Les champignons en conserve sont toujours une bonne source de vitamines B et de minéraux, mais contiennent souvent de grandes quantités de sel ajouté. Des champignons en conserve à faible teneur en sodium peuvent être disponibles dans certains cas. Les champignons sont souvent frits dans de l'huile ou de l'huile, ce qui ajoute des calories provenant des graisses.

Les champignons sont délicieux et doivent être servis délicatement. Soit les placer sous l'eau courante douce pour libérer toute saleté ou brosser la saleté avec une serviette en papier humidifiée. La cuisson des champignons dans de l'eau à haute température, telle que l'ébullition et le micro-ondes, peut causer ses nutriments solubles dans l'eau (vitamines B , rotassium) à essayer dans l'eau de cuisson. Les manger crus, les faire sauter à feu vif ou mijoter à feu doux est idéal pour réserver les nutriments.

- Ajoutez des champignons crus et râpés aux omelettes, aux œufs brouillés, aux salades, aux sautés, aux sauces, aux soupes ou aux soupes.

- Faire sauter les champignons dans l'huile d'olive et les ajouter au riz cuit ou aux grains entiers.

- Faites griller de grandes voitures de champignons portobello. Retirez les tiges et les branchies si vous le souhaitez. Faites mariner les champignons pendant 10 minutes dans une sauce préférée. Faites griller environ 3 minutes de chaque côté jusqu'à ce qu'ils caramélisent.

- Les champignons remplacent grandement la viande en raison de leur saveur umami. Remplacez environ un quart à la moitié de la viande dans une recette avec des champignons hachés.

Plus d'idées et de suggestions avec des champignons :

- Wild Mushrooom Soyp avec Soba
- Salade de portobello et de fenouil à l'orge rôtie
- Pleurotes braisés, noix de coco et macadamia
- Salade de champignons shiitake et concombre marinés
- Champignons sauvages poêlés au café et aux noisettes
- Risotto d'orge aux champignons
- Champignon Stroganov
- Burger végétarien au tofu et aux champignons
- Salade aux Trois Verts & Baies de Blé avec Champignons « Bason »
- Haricots blancs, riz sauvage et myrtilles

Sélectionnez des champignons avec du sras entier ferme avec une texture uniforme. Ils doivent être réfrigérés jusqu'à leur utilisation, mais idéalement dans un délai d'une semaine. Ne les lavez ni ne les nettoyez que juste avant de les utiliser. Stocker dans un sac à papier brun avec le dessus ouvert aidera à absorber l'humidité et à les empêcher de se frotter, car il est trop serré pour emballer du plastique. s l'humidité. Parce qu'ils contiennent environ 80 à 90% d'eau, les champignons ne gèlent pas bien, devenant pâteux lorsqu'ils sont décongelés.

CHAPITRE DEUX

Conseils pour la culture des champignons pour les débutants

Commencez avec un kit de culture de champignons - et assurez-vous qu'il est livré avec tout ce dont vous avez besoin

La seule communauté de producteurs de champignons est composée de personnes plutôt sympathiques, et la plupart d'entre elles sont prêtes à donner leur avis avec vous. Il existe également des tonnes de livres sur la culture des champignons. En théorie, toutes les informations dont vous avez besoin pour acheter le bon équipement sont là. Malheureusement, il y a tellement d'informations là-bas - certaines sont bonnes, d'autres sont mauvaises - qu'il est extrêmement courant pour les nouveaux venus dans le passe-temps d'être dépassés ou Soit, prenez un peu d'adv., et finalement et avoir leur première expérience de culture de champignons n'a pas très bien fonctionné. Cela peut être démoralisant, parfois au point où la personne a l'impression que le passe-temps n'est tout simplement pas pour elle vous encore. Quel triste résultat ! Pour éviter de tels problèmes, la plupart des experts conviendraient que les débutants devraient toujours commencer avec un kit de culture de champignons qui comprend une profession un monotube entièrement fabriqué, un grain râpé, un substrat de fructification, un hydromètre numérique et une jauge de température, un kit de trempage et de stockage, des outils de stérilité comme des gants, un désinfectant et même un masque facial, et plus encore. Avoir tout ce dont vous avez besoin à votre disposition élimine une grande partie des suppositions, en particulier en ce qui concerne le frai et la fructification des grains substrat, deux choses qui seront discutées plus en détail plus loin dans ce guide. Épargnez-vous les ennuis - procurez-vous un kit pour pouvoir plonger immédiatement dans les parties amusantes et réussir votre première récolte.

Configurez votre "laboratoire" de culture de champignons de la bonne manière

Pendant que vous attendez l'arrivée de votre kit tout-en-un, prenez un moment pour réfléchir à l'endroit où vous cultiverez vos champignons. Ce sera votre «laboratoire» (ou «ferme» si vous préférez) et doit avoir quelques fonctionnalités. Ne vous inquiétez pas cependant - l'une des choses vraiment intéressantes à propos du passe-temps de la culture des champignons est qu'il nécessite peu d'espace. Les gens ont réussi à faire pousser des récoltes abondantes à partir d'un monotub dans leurs appartements, chambres ou cuisines. Assurez-vous que votre zone de culture aura accès à la lumière naturelle du soleil pendant au moins une partie de la journée. Comme les gens et les plantes, la plupart des champignons culinaires, ornementaux ou exotiques auront de plus en plus besoin d'avoir un peu de lumière. Placer votre monotub près d'une fenêtre ira bien. Vous voudrez également limiter la quantité de flux d'air potentiellement contaminé et, si possible, assurez-vous qu'il ne s'agit pas d'un trafic régulier. cked par des animaux de compagnie. Vous voudrez également pouvoir réguler la température dans la pièce ; De nombreux champignons nécessitent des températures pour rester relativement constantes entre 70 et 80 degrés Fahrenheit.

Ne négligez jamais la stérilité - vos champignons vous vivifieront

Assurez-vous que vous prenez cette partie du processus de croissance au sérieux - oui, les champignons sont des organismes résistants et peuvent vivre à travers un beaucoup, mais pourquoi prendre des risques ?

Cette astuce rejoint la précédente. Réfléchissez à l'endroit où se trouvera votre "laboratoire" et assurez-vous que vous travaillez toujours sur une surface propre tout en portant des gants et un masque facial. Évitez les fenêtres ouvertes, les ventilateurs en marche ou toute autre chose qui pourrait "faire bouger les choses", comme un animal qui court partout. Cela donnera à votre champignon la meilleure chance de survivre et de prospérer !

N'ayez pas peur de lire, de regarder et d'apprendre : utilisez TOUTES les ressources à votre guise !

Au fur et à mesure que vous vous familiarisez avec le passe-temps des champignons, vous constaterez que vous apprenez naturellement tout sur la musologie, mais au tout début, une partie du terme L'inologie utilisée peut être frustrante. . Nous avons peut-être même utilisé des termes avec lesquels vous n'êtes pas encore familier dans ce guide, des choses comme l'isolation ou le substrat. La meilleure façon de maîtriser tous les nouveaux mots et concerts que vous allez non seulement rencontrer, mais que vous devez comprendre pendant le processus de votre fi La première croissance consiste à avoir un glossaire pratique des termes près de rbu.

Saviez-vous que les scientifiques estiment qu'il existe environ 11 000 espèces de champignons connues rien qu'en Amérique du Nord ? Inutile de dire que vous avez beaucoup d'options lorsque vous cultivez des champignons à la maison. Choisir le bon type de champignons pour commencer peut avoir une grande influence sur votre première récolte, combien de plaisir vous avez en tant que débutant, et ce que en fin de compte et vous faites avec votre récolte. Tous les champignons ne se ressemblent pas : certains sont très faciles à cultiver (grâce à la résistance des contaminants et à la résistance générale) et d'autres peuvent présenter un défi même à easoned. Par exemple, les chanterelles sont très difficiles à cultiver - elles sont mieux réservées aux mycologues/champignonniers expérimentés qui veulent un c essayer ou avoir la pièce de rechange. D'autre part, quelque chose comme un bébé bella est beaucoup moins gourmand en ressources et en temps. Les champignons perlés sont un excellent choix pour la première fois car ils sont comestibles, durs et l'un des champignons les plus populaires à pousser. Ces champignons boisés et sucrés sont recherchés par les chefs partout, vous aurez donc pour objectif final de savourer un repas gastronomique. D'autres bonnes options pour les débutants sont le shitake, les huîtres royales, la crinière de lion ou le sars du vin.

Utilisez des graines de grain fabriquées par des professionnels

L'apparition de grains est difficile à comprendre, même s'il n'y a que des tutoriels en ligne sur la façon de créer le vôtre, du moins pour la première fois. à cause des champignons, vous devriez vous faire ramoner qui n'a pas été préparé par des professionnels. Certains cultivateurs de champignons, c'est-à-dire experts dans l'art et la science de la culture des champignons, refusent de fabriquer leur propre grain. wn. Quoi? C'est une procédure délicate et essentielle au succès de votre croissance.

Idem le précédent en direct. Le kit tout-en-un est livré avec 10 cartouches, assez pour au moins 4 à 6 cultures.

Nous avons vu beaucoup de gens s'intéresser au passe-temps de la culture des champignons (et parfois obtenir des signes de dollars dans leurs yeux tout en pensant à la la probabilité de faire pousser des champignons gourmands) et ensuite d'essayer de "tout faire" pour la première fois , en achetant plusieurs monotubes ou en investissant dans de vastes systèmes d'automatisation avant même qu'ils n'aient eu un seul message pour le montrer c'est la tête jamais avant. Le conseil est de commencer lentement. Faites une récolte à l'aide de notre kit tout-en-un, apprenez au fur et à mesure, puis développez votre exploitation agricole ! N'essayez pas de devenir trop fou avant de connaître les bases. Cela vous fera gagner beaucoup de temps et, oserons-nous dire, du chagrin. Une fois que vous savez ce que vous faites, vous pouvez passer du temps à réfléchir à la manière de vous développer.

Découvrez comment vous envisagez de conserver et de stocker vos champignons

Quelque chose qui prend beaucoup de débutants au dépourvu est le nombre de champignons qu'ils pourront récolter à partir d'un seul monotub. C'est probablement beaucoup plus que vous ne le pensez, surtout si vous considérez que si vous avez tout fait correctement, vous aurez plus que vous profiterez probablement de plus d'une seule chasse d'eau. Si vous n'êtes pas préparé à l'avance, vous serez assis sur un tas de champignons frais qui pourraient très facilement se gâter avant vous avez eu la chance de les utiliser ! Prenez le temps de réfléchir à la manière dont vous envisagez de conserver et de stocker vos champignons avant de les cultiver. De cette façon, vous ne serez pas submergé par une prime particulièrement fructueuse. Dans presque tous les cas, les champignons sont d'excellents candidats pour le stockage à sec. La meilleure façon de les prévenir est d'utiliser un déshydrateur. Cependant, si vous n'en avez pas, ce n'est pas grave.

Ne vous inquiétez pas trop et commencez simplement - vous apprendrez au fur et à mesure

Nous allons arranger les choses avec une recommandation courte et douce : ne pas trop penser à tout. Essayez de suivre les conseils que nous avons décrits au mieux de vos capacités, mais ne vous inquiétez pas de tout faire parfaitement. Le passe-temps de la culture des champignons (et pour certains, la profession) est l'un des plus amusants, des plus épanouissants et des plus gratifiants. vous pouvez prendre du rart, alors allez-y et amusez-vous !

Les champignons sont fondamentalement différents des plantes ; ils appartiennent à leur propre royaume taxonomique et ont évolué de manière complètement séparée. Cultiver des champignons n'est pas du tout comme produire des plantes ! Alors que les plantes prospèrent grâce à la lumière du soleil, au dioxyde de carbone et à l'eau pour créer leur propre nourriture, les champignons ne peuvent pas effectuer la photosynthèse. Par conséquent, les champignons doivent se nourrir d'un hôte vivant ou d'un lit de matière en décomposition. Et tandis que les plantes se reproduisent par la multiplication et la propagation des graines, les champignons n'ont pas de telles graines. Au lieu de cela, ils ont des spores. Les producteurs de champignons à domicile utilisent souvent la méthode du sac pour faire pousser leurs champignons bien-aimés, car c'est beaucoup plus facile et plus propre que, disons, de percer des trous dans un rondin et en scellant le frai à l'intérieur avec de la cire Pensez-y comme aux « graines » de champignons. Il contient la souche de mycélium que vous voulez (le type de champignons que vous voulez faire pousser) jusqu'à ce que vous soyez prêt à grandir. De nombreuses variétés de sacs sont disponibles dans les kits de culture Midwest, vous pouvez donc risquer ce que vous voulez. Lorsque vous êtes prêt à grandir, vous étalez cette apparition sur un substrat (la « saleté » de la culture des champignons). Dans quelques semaines à quelques mois, ces champignons - les fructifications du champignon - seront visibles et prêts à être récoltés.

Rassembler vos matériaux

Nous avons abordé un certain nombre de matériaux dont vous aurez besoin pour commencer à cultiver vos propres champignons. Regardons-les plus en profondeur. Spawn est votre matière génétique brute. C'est une substance porteuse utilisée pour garder ce précieux mycélium intact jusqu'à ce que vous soyez prêt à grandir. Les cultivateurs de champignons pensent que le srawn ressemble beaucoup aux graines, mais contrairement aux graines, le mycélium est cloné avec précision pour la cohérence génétique. Pas de surprise ici, juste des champignons purs. Ou shiitake. Ou rotobello. Ou quelle que soit la variété que vous souhaitez développer ! Alors, que faites-vous de votre sac brut ? Le jeter sur de la terre ? Réfléchis frère. La croissance des champignons nécessite un matériau appelé substrat. Le substrat est riche en nutriments et en matières en décomposition que les champignons adorent. Il est souvent composé de choses comme le foin, la farine de coton, le fumier animal et les coques de haricots. Les kits de culture de champignons proposés par Midwest Grow Kits comprennent des pots de substrat de qualité supérieure pour vous aider à démarrer. Si vous voulez que votre champignonnière à domicile prospère, vous devez lui donner les conditions idéales. Le substrat doit être humide en tout temps, pas trempé, mais pas sec au toucher. Pulvérisez votre croissance avec un brumisateur une fois par jour ou au besoin. Si vous êtes passionné par la création de champignons, vous pouvez également utiliser un humidificateur pour faire pousser toute la ferme. Encouragez le processus avec un incubateur, même s'il ne s'agit que d'un tapis chauffant. Pendant la première partie de la semaine, pendant que vous attendez que vos champignons poussent, conservez-les dans un environnement plus chaud que la température ambiante. En outre, investissez dans une hotte à flux pour purifier l'air autour de vos champignons bien-aimés. C'est un nom fansu pour un fan avec un filtre dessus; il empêche l'air de devenir stagnant ou contaminé. La stérilisation est essentielle lors de la production de champignons ! Cela inclut tous les équipements que vous utilisez pendant le processus de croissance, ainsi que vos mains. Du savon antibactérien près de votre évier et envisagez d'investir dans un autoclave ou une machine similaire pour stériliser complètement votre empêcher la contamination.

Vous pouvez faire pousser des champignons dans votre maison toute l'année ; c'est un processus cyclique. Lorsque vous utilisez les bonnes techniques, vous pouvez commencer un nouveau lot peu de temps après avoir récolté votre précédent et le stériliser. la région. Une fois que vous avez ouvert votre kit de culture myshroom et préparé votre apée, lavez-vous les mains, enfilez des gants si vous le souhaitez, et sortez votre spa wn sac et substrat. La phase d'inoculation commence lorsque vous introduisez votre produit désiré dans le substrat, un peu comme "le planter" dans un sac. Un patch ou un manchon de filtre sur le sac permettra à vos champignons de prendre l'air frais sans cueillir vos principaux. Ensuite, il est temps d'incuber. Gardez votre sac et votre zone de culture dans un endroit chaud et sombre. Pensez aux endroits où les champignons aiment grandir - la plupart des conditions sans beaucoup de lumière les aideront à prospérer. La phase d'incubation peut durer de quelques semaines à quelques mois. Surveillez régulièrement la croissance de vos champignons et brumisez le substrat pour qu'il soit agréable et humide. Bientôt, vous verrez ce qui ressemble à un réseau ou à une toile blanche au-dessus du substrat. C'est votre mycélium ! Une fois que vous voyez une toile blanche solide au-dessus de votre substrat, déplacez vos champignons vers la phase de fructification. Abaissez un peu la température dans leur environnement et introduisez un peu plus de lumière. Quelques heures de lumière douce par jour suffisent. Dans quelques semaines, vous verrez ces corps fructifères - le sars champignon - commencer à éclater. Lorsque les champignons sont complètement développés, vous pouvez les récolter régulièrement pendant six mois. Utilisez un couteau pour les couper délicatement à la tige au lieu de retirer le tout. Les champignons que vous avez cultivés libèrent leurs propres spores et continuent le processus de croissance. Récoltez vos champignons bien-aimés tous les trois à cinq jours, et vous aurez une récolte régulière pendant quelques mois. Bien que l'idée de créer une ferme de champignons à la maison puisse sembler intimidante au début, vous en retirerez les avantages pour les années à venir. Les kits de culture et les équipements proposés chez Midwest Grow Kits sont un investissement avant.

Cependant, une fois que vous avez réglé l'opération, vous pouvez faire pousser de délicieux champignons en toute tranquillité. Avec la bonne apparence, le bon substrat et l'équipement pour protéger l'environnement dans des conditions de croissance optimales, vous serez un cultivateur de champignons accompli en un rien de temps. Obtenez une expérience pratique de la mycologie avec ce guide du débutant pour faire pousser des champignons à la maison.

CONCLUSION

Les champignons ne pousseront pas à partir de graines, mais à partir de spores. Par conséquent, il n'y a pas besoin de chlorophylle pour que les champignons germent. Pour cette raison, il peut survivre même à l'intérieur et sans avoir besoin d'avoir la lumière directe du soleil. Même si vous êtes un débutant, il n'y a pas de problème. Vous pouvez facilement faire pousser des champignons à la maison et le maintenir ne nécessite pas trop d'efforts et de temps de votre côté. Nous espérons que vous avez trouvé les étapes que nous avons couvertes dans ce guide utiles. Ne vous inquiétez pas de suivre les conseils mot pour mot, faites simplement de votre mieux et souvenez-vous, amusez-vous toujours ! La culture des champignons est l'un des meilleurs passe-temps au monde, non seulement parce qu'elle est abordable, mais parce qu'elle vous donne presque il faut donc apprendre et découvrir.